COUP D'ŒIL

SUR

QUELQUES QUESTIONS ACTUELLES,

Par E. SOURDEAUX.

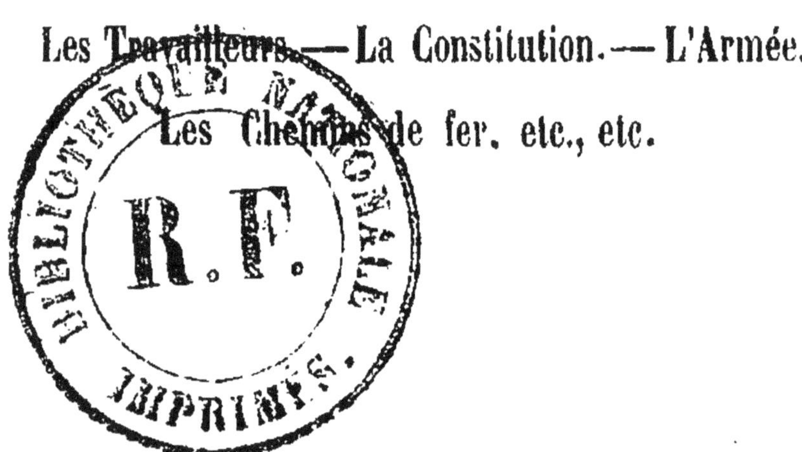

Les Travailleurs. — La Constitution. — L'Armée.
Les Chemins de fer, etc., etc.

PARIS.

IMPRIMERIE DE A. LACOUR
.. Rue St-Hyacinthe-St-Michel, 33.

—

1848.

Qui en ce temps , ne se sent irrésis-
tiblement entraîné à s'occuper de politique , à dire son mot. Est-ce un bien ?
Est-ce un mal? Ceux qui trouveront que
c'est un mal ne liront pas ces lignes.

LES TRAVAILLEURS.

Qua'-t'on fait pour eux ?

On leur a beaucoup promis , et on a fait les
ateliers nationaux. Les ateliers nationaux ont
été une question d'humanité et d'ordre pu-
blic ; ils ont valu comme expédient, ils ne
valent rien comme fait persistant. Leur résultat, peu de travail, salaire plus que facile,
charge pour le trésor. Ils tendent à détourner
les travailleurs ouvriers des productions utiles
auxquelles ils sont propres, en leur donnant à
penser que l'État *doit* les nourrir, et en affai-
blissant ainsi chez eux le sentiment élevé,
nécessaire de la responsabilité personnelle.

Que peut-on faire immédiatement qui leur soit utile, sans porter atteinte ni à la liberté, ni aux intérêts publics et privés ?

Plusieurs choses suivant nous :

1° une caisse de retraite.

Voici comment nous comprenons cette organisation :

Chaque industrie aura son livre d'inscription dans chaque mairie.

Le nom et l'âge du travailleur - ouvrier seront inscrits sur le registre de son industrie.

Obligation pour tout fabricant industriel de déclarer à la fin de chaque semaine le nombre des travailleurs employés par lui, leurs noms, et de verser 50 centimes par chaque travailleur à la caisse communale (1).

Pénalités rigoureuses contre les fausses déclarations ; amendes élevées ; dégradation professionnelle (Nous appelons dégradation

---

(1) En prenant 2 50 pour salaire moyen, c'est environ 3 et demi pour cent d'augmentation dans les frais de main d'œuvre. Qu'on demande à tout négociant industriel s'il ne préfère donner cette prime fixe à une part variable sur ses bénéfices.

professionnelle la perte du droit de faire partie des prud'hommes, du tribunal consulaire et même de prendre part à leur nomination.); dans une république la bonne foi doit prévenir l'inquisition de la police.

Les versements de 50 centimes par semaine, et par travailleur, formeront le fonds de la caisse de retraite.

Son siége principal sera à Paris.

Elle sera administrée par des délégués, patrons et ouvriers.

Ces fonds pourraeint être employés à propos et avec sécuritéau service de la caisse des avances hypothécaires, l'une appelant des revenus contre des capitaux et réciproquement.

A 58 ans tout travailleur inscrit aura droit à la pension do retraite.

L'inscription seule pouvant être |un abus, au moyen des bordereaux hebdomadaires émis par l'employant industriel, on constaterait aisément s'il y a eu travail. Il faudrait justifier d'au moins 200 jours de travail en moyenne, bon an, mal an, les cas de force majeure exceptés; comme les ouvriers seraient les premiers intéressés à l'exacte constatation de leurs journées de travail, le contrôle des déclarations serait rendu facile.

Tout travailleur blessé dans l'exercice de son industrie et mis par là hors d'état de travailler aura droit à la pension.

Condition indispensable ; une vie toujours honorable.

Tout ouvrier qui prétendra avoir droit à la pension fournira au conseil supérieur, résidant à Paris, les pièces justificatives, entre autres les certificats de travail et d'honorabilité, délivrés par les mairies dans la circonscription desquelles il aura travaillé.

Le conseil central prononcera sur le droit à la pension, unité et solidarité de cette organisation dans toute la France, surveillance de l'État.

Ce système pourrait s'étendre à l'industrie agricole comme à l'industrie commerciale ; nous pensons qu'il fonctionnerait assez justement sous le nom d'impôt sur les profits industriels, (income-tax) ou mieux de participation aux profits.

Une partie des profits se déverse ainsi directement sur les travailleurs-ouvriers, la perception n'a rien de vexatoire ni d'inquisitorial, la proportionnalité subsiste autant que possible; mais surtout un grand but est atteint.

Vous mettez au cœur de l'ouvrier ce qui lui manque, ce qui est un besoin de notre être, l'espérance.

Il sait qu'à un jour donné, sa carrière de travail et de fatigue honorablement parcourue, ce n'est pas l'hospice ou la maison de charité qui le reçoit; lui aussi il a gagné une honnête indépendance pour ses vieux jours. Il pourra donc les passer au milieu des siens, auprès de quelques vieux compagnons de l'atelier. Enfin, quoi qu'il arrive, il ne tournera plus fatalement jusqu'à la mort dans le cercle de plus en plus rétréci de la misère.

Le sentiment de l'avenir lui donne celui de l'ordre, vous en faites un républicain *conservateur*, non dans le sens égoïste. — Nous pourrons dire alors que la République s'organise, car la fraternité aura pénétré dans la politique.

On trouvera peut-être cette quotité (50 c.) élevée. Notre réponse est : Qui veut la fin, veut les moyens. Si cette caisse ne devait fonctionner qu'après avoir accumulé ses réserves annuelles pendant 55 ans (ce qui serait rationnellement juste) la quotité pourrait être diminuée de plus des trois quarts ; mais il ne faut pas sacrifier complètement les générations présentes à celles à venir, et d'après notre projet, cette caisse pourrait remplir son but dans 15 ans (voir le tableau suivant).

Nous avons pris pour base de cet aperçu le population (1).

(1) Nous nous sommes rendu plusieurs fois à la Bibliothèque nationale pour avoir une statistique « Industrie » publiée par le ministère du commerce. Cet ouvrage dès 1840, était en cours d'exécution. Nous comptions y trouver des renseignements positifs sur le nombre des ouvriers — le taux moyen des salaires — le nombre moyen des journées de de travail. Mais nous avons appris que le cours d'exécution durait encore. En revanche, on pou-

Soit 3,000,000 ouvriers industriels de 16 à 58 ans, travaillant en moyenne 220 jours par an.

A 50 c. par semaine de travail par travailleur, 55,000,000 fr.

Cette somme annuelle au bout de 15 ans, avec les intérèts à 5 pour cent, s'élèvera à   1,178,000,000 f..

En déduisant pour frais et non-valeurs   38,000,000

    1,140.000,060

Donnant à 5 % un revenu de   57,000,000

Qui additionné avec celui de   55,000,00

perçu annuellement four-nit   112,000,000

A répartir entre environ 300,000 ouvriers, soit, pour chacun, un revenu de 375 francs environ.

vait nous procurer toute espèce de documents sur la concurrence que les allumettes françaises font aux allumettes allemandes sur le marché chinois.

CAISSE DE PREVOYANCE.

Il y a pour les travailleurs une autre question, celle des chômages. — Une industrie souffre ; ralentissement du travail, privation de salaire pour l'ouvrier. Ici à nos yeux, c'est le travailleur seul qui doit prévenir le mal par une fraternelle association Le mal atteint l'employant comme l'employé, et le premier souffre déjà assez sans qu'on fasse peser sur lui un plus lourd fardeau ; il a économisé une partie des profits qu'il a faits dans les moments prospères ; cette réserve l'aide à passer la crise.

D'ailleurs ne perdons pas de vue qu'il faut toujours, dans les limites du possible, développer chez les travailleurs la salutaire pensée de la responsabilité personnelle.

Il y a déjà certaines industries qui ont organisé des caisses de secours mutuel ; mais cette heureuse application ne sera complète qu'à la condition d'être *une* et *générale*. — Association non séparée des différentes industries, association de toutes.

Le résultat sera celui-ci : il est bien rare, malgré que les souffrances d'une branche de commerce soient contagieuses, que toutes les industries périclitent en même temps et surtout également.

Eh bien, par l'association unitaire de toutes les industries , vous réalisez les moyens d'un secours efficace. Les industries prospères continuent d'apporter leur rétribution au fonds commun, et la caisse peut entretenir son assistance aux industries souffrantes.

Aujourd'hui que se passe-t-il ? Les typographes, par exemple, ont une caisse de secours mutuel, mais leur industrie souffre-t-elle ? plus de mise à la caisse qui a bien vite épuisé sa réserve, obligée qu'elle est d'assister en même temps presque tous ses membres ; élargissez le cercle de l'association fraternelle, l'inconvénient disparaît.

Autre résultat à constater.

Vous demandez l'augmentation des salaires. Le meilleur moyen de l'obtenir sans secousse, sans lutte, vous l'avez dans cette caisse de prévoyance.

En mesure contre les besoins de la vie pendant un certain temps, vous pouvez discuter vos prix avec le travailleur employant. Celui-ci s'il a plus de ressorces pour attendre a aussi plus de charges, et son désir de travailler, égal au vôtre, le rendra de plus facile composition sur le taux du salaire.

Lamennais a très-bien défini cettequ estion dans quelques pages remarquables, comme tout ce qui sort de la plume de ce citoyen éminent.

« Le droit seul n'affranchit pas, dit -il; on peut être libre de droit, esclave de fait, etc. Pour être indépendant, maître de soi, pleinement libre enfin, il faut avoir en sa possession ce qui est nécessaire à la vie du corps ».

Travailleurs ouvriers par cette association, vous faites un pas vers cette liberté. Et ne confondez pas association avec coalition ;la première, c'est le droit et l'intelligence ; l'autre c'est le despotisme aveugle et injuste de la force brutale.

La plus grande difficulté c'est l'administration de cette caisse.

Pour nous, nous comprenons les secours proportionnés à l'apport de chacun. Il est équitable que celui qui a fait plus pour l'association reçoive plus d'elle. C'est encore la mise en pratique de la responsabilité personnelle.

La durée et la quotité des secours réglées par un jury d'ouvriers, jury un pour tous, dans lequel, autant que possible, chaque industrie aurait son représentant.

L'administration de cette caisse organisée accessoirement à la précédente, pour plus d'économie et de simplification dans les rouages.

Rien dans tout ceci n'est chimérique. — Aux ouvriers de vouloir et ils seront véritablement libres ; au gouvernement, le devoir de l'initiative.

Nous avons dit :

3,000,000 ouvriers travaillant en moyenne 220 jours, soit :

500,000	versant par jour 15 c.		16,500,000 fr.
1,000,000		10	22,000,000
1,500,000		05	16,500,000
			55,000,000

Ce serait donc une ressource annuelle de 55 millions. Assurément il n'y aurait pas de quoi parer à tous les manques de travail, de quoi subvenir à tous les besoins, mais ce serait une ressource contre le plus pressant. Et puis, il ne faudrait peut-être pas, dans l'intérêt même des travailleurs, qu'ils pussent à l'avance trop se fier sur cette assistance. Rien d'ailleurs n'empêchera les plus prévoyants de verser davantage, si leur salaire le leur permet, puisque le secours sera proportionné aux versements faits.

3° *Bienfaisance publique. — Monts de piété.*

Une troisième réforme facile, urgente, pour achever l'affranchissement matériel du travailleur, c'est celle à faire dans les prêts sur gages.

Suppression des commissionnaires. — A

Paris, dans chaque arrondissement, un établissement d'avances sur gages.

Avance plus forte, par contre, réduction dans la durée du dépôt. Aucune retenue pour intérêt.

Quand les monts de piété coûteraient à la ville ou à l'Etat quelques millions, la ville ou l'Etat ne doit-il pas être le dispensateur de la bienfaisance publique?

Aujourd'hui le prêt sur gages est un placement pour le capitaliste, pour l'emprunteur, un contrat à titre onéreux, — on pourrait dire usuraire. N'appelons donc pas encore les monts de piété des établissements de bienfaisance.

L'Etat avançant sur gages *sans interêt*, ce seront les membres riches de la société qui aideront leurs frères. Qu'on le sache bien, les riches sentent aussi. Fraternité n'est pas un vain mot pour eux, et que quelques tristes exceptions humaines ne fassent pas dire aux pauvres : les riches ne sont pas nos frères.

Pour que ces établissements rendent tout ce que a droit d'en attendre, il faut, à raison de leur caractère, une pénalité très sévère contre ceux dont le dépôt sera le produit d'un vol.

Pourquoi n'essaierait-on pas des avances à faible intérêt sur engagements souscrits par un travailleur, garantis par le jury de sa corporation ?

C'est une avance sur le travail ; ce travail futur a pour garant l'honneur d'une corporation. N'est-ce rien ? Et n'est-il pas telle circonstance où un surcroît de charges incombe à un ouvrier ; sa femme qui vient d'accoucher, son enfant malade, que sais-je ? N'est-il pas en pareil cas fondé à escompter un peu l'avenir ?

C'est, du reste, un essai que nous proposons.

Comme complément de ces mesures, nous demandons des médecins et des pharmaciens commis par l'autorité pour visiter et soigner les travailleurs inscrits aux mairies. Dans les derniers temps de la monarchie, il était question d'un projet de loi de ce genre. A-t-on enfin oui ou non compris l'urgence qu'il y a à s'occuper de ces matières? Et pourquoi n'a-t-on pas présenté à l'Assemblée, de préférence à un projet de loi sur le divorce, celui sur les médecins cantonnaux? Est-ce parce qu'il sentirait le royalisme.

LA CONSTITUTION.

Notre grande affaire politique à l'intérieur, c'est la Constitution, parce que d'elle dépend notre avenir.

Ce n'est pas que nous pensions que des institutions nouvelles feront des hommes nouveaux ; le caractère original d'une nation ne se transforme pas, et Gaulois, nous serons toujours Gaulois ; mais s'il fallait nier que nos idées, nos mœurs, si faciles d'ailleurs aux empreintes extérieures, ne dussent avec le temps concourir au jeu de nos institutions, il y aurait à désespérer de l'avenir de la République.

Ce qui reste à constituer, c'est le plus difficile, ce sont des républicains.

Le citoyen Lamennais nous paraît avoir

fait la constitution la plus propre à atteindre ce but.

Pour éveiller chez tous les citoyens le sentiment de la vie publique et politique, il appelle le département et la commune (le canton actuel) à s'administrer eux-mêmes.

Au chef-lieu du département, conseil départemental ; au chef-lieu de canton, conseil communal, — tous deux élus par les citoyens de ces deux circonscriptions, et chargés de l'administration des intérêts qui convergent à leurs centres respectifs.

Deux magistratures correspondantes à cette division, également élues.

Quel champ à l'initiative individuelle, et comme nos petites villes de province et nos campagnes sortiraient de leur indifférence politique ! Leurs intérêts mêmes leur feraient une nécessité du devoir.

Le grand reproche qu'on a adressé à cette constitution remarquable, c'est l'affaiblissement du pouvoir central qui, au lieu de gérer lui-même, se bornerait à surveiller.

Nous penchons à croire que ce reproche

vient de gens qui, s'ils aiment la République, se soucient assez peu d'y voir des républicains

D'ailleurs, s'il est vrai de dire que l'action du pouvoir central sera affaiblie, il est faux de prétendre que la centralisation en elle-même y perdra.

En un mot, les hommes au pouvoir seront personnellement moins forts, mais les affaires n'en souffriront pas.

La constitution du citoyen Lamennais est si éloignée de porter atteinte au principe centralisateur, qu'elle résume en un seul tous ces pouvoirs, toutes ces forces éparses sur le territoire, en plaçant un président au sommet de la hiérarchie gouvernementale : c'est aux yeux du pays et du monde la représentation vivante de l'unité française.

Nous déplorons que le citoyen Lamennais ait renoncé à faire partie de la commission de constitution. Son œuvre était belle et féconde. Il fallait rester là pour la défendre jusqu'au bout.

L'ARMÉE.

Avec le journal la *Presse*, nous pensons que l'armée doit être réduite, et qu'il faut apporter de notables modifications à sa formation. Les engagements volontaires en doivent faire la base.

D'après la loi, tout Français doit un temqs de service au pays, pensée égalitaire et patriotique. Cette idée si simple et si grande, d'une dette contractée en naissant envers la patrie ; ce principe d'égalité qui la complète en rendant la dette une et même pour tous, qu'en a-t-on fait dans l'application, et pense-t-on les avoir réalisés dans cette loterie appelée conscription , où il n'y a en définitive de mauvais numéros que pour les pauvres.

Quelles gens de fortune moyenne ne rachètent leur fils, s'il n'a pas le goût militaire ?

Revenons donc à une juste et féconde application du principe posé dans la loi. Evidemment tous nous ne pouvons être militaires. Les aptitudes, les directions sont diverses ; mais la dette est la même, qu'elle subsiste pour chacun. Seulement qu'il y ait deux manières de l'acquitter : ou le service militaire personnel, ou une somme d'argent déterminée ; ce qui ne veut pas dire qu'à l'heure où la patrie serait en danger, il n'y ait plus devoir, obligation pour chacun de prendre les armes ; mais dans l'état ordinaire des choses, laissez ce choix, et pour ne pas le rendre illusoire à l'égard des moins fortunés, que cette somme puisse être acquittée par une prime annuelle à partir de la naissance de l'enfant jusqu'à sa vingt-unième année,—au-delà même s'il y a nécessité reconnue, et garanties.

Cette prime peut être de deux sortes, suivant que la famille consentira ou non à courir les chances de mortalité qui pèsent sur l'enfant.

Étant, par exemple, 14 fracns dans le cas où on ne voudrait pas courir cette chance, elle ne sera que de 7 dans l'hypothèse contraire.

7 francs par an, assurément nous ne nous faisons pas illusion au point de croire cette somme facile à tous. Ce sera une charge plus ou moins légère, plus ou moins lourde suivant les conditions de fortune, mais ferez-vous jamais entièrement disparaître ces différences inséparables de l'état social. N'aurez-vous pas été aussi équitable qu'il est possible à la loi humaine de l'être.

Pour nous, nous ne comprenons pas la révolution avec le maintien de la conscription, du système actuel du rachat qui constitue une inégalité monstrueuse.

Si tous ne peuvent encore participer aux mêmes avantages, c'est déjà un pas que d'y appeler le plus grand nombre, c'est une désignation de tendance dans la politique nouvelle. Au temps de compléter l'œuvre de l'effort humain.

Bien des laboureurs de nos campagnes risqueront le sacrifice de 7 fr. par an pour conserver leurs enfants au toit domestique, qui ne peuvent actuellement disposer de 1,500 et 1,800 fr.

Combien l'armée ne renferme-t-elle pas de ces jeunes hommes arrachés malgré eux à leur vie simple et laborieuse pour l'échanger contre celle qualifiée de garnison. Que de larmes, que de regrets les y suivent.

Nul empêchement d'ailleurs à la vocation de ceux qui se sentent propres et sympathiques à la carrière des armes, et si leurs parents ont versé des primes, on les leur rembourse.

Nous nous résumons ainsi :

Dette du service militaire pendant un certain temps (six ans) contractée par chacun envers l'État.

Faculté d'acquitter cette dette par une somme d'argent, soit 500 francs à vingt-un ans.

Conversibilité facultative de cette somme en une prime annuelle (14 francs) à partir de la naissance de l'enfant. Réduction de moitié de cette prime si la famille préfère courir les chances de mortalité de l'enfant.

Le recrutement de l'armée opéré au moyen de ceux qui préfèrent servir pendant six ans, et des engagements volontaires.

Les engagements de trente ans. Pour s'engager, dix-huit ans au moins, vingt-cinq au plus.

L'armée de 300 mille hommes, divisée en trois cadres de 100 mille hommes chaque, se décomposant ainsi :

100 mille, cadre du service actif.

100 mille, cadre des travailleurs enrégimentés, exécutant une partie des grands travaux publics sous la direction des ingénieurs.

100 mille, cadre de réserve. Ces derniers, à leur choix, resteront dans le deuxième cadre ou retourneront dans leurs foyers sous l'obligation de répondre au premier appel. Le service de la gendarmerie départementale leur sera spécialement réservé.

1 fr. 50 cent. par jour à chaque soldat du

premier cadre, dont une retenue de 25 cent. pour la caisse de retraite.

50 cent. à chaque soldat travailleur du deuxième cadre dont une retenue de 25 cent. pour la caisse de retraite. En sus de cette paie, une rétribution proportionnée au travail comme celle des travailleurs civils.

25 cent. aux hommes du troisième cadre, appliqués en totalité à la caisse de retraite.

Les résultats sont ceux-ci :

Il naît chaque année 500,000 garçons, dont moitié parvient à vingt-un ans. Mettons que, sur les 250,000 restant, 20,000 annuellement se fassent militaires, il restera 225,000 hommes qui auront chacun payé à l'État 500 francs. 115,000,000

L'armée coûtera pour sa solde :

1er CADRE,	100,000 h à 1 fr. 25 c. . .	45,500,000
	25 c. caisse de retraite	9,125,000

$$2^e \text{ CADRE}, \begin{cases} 100,000 \text{ h. à} \\ 50 \text{ cent.} \ldots & 9,125,000 \\ 25 \text{ c. caisse de} \\ \text{retraite} \ldots & 9,195,000 \end{cases}$$

$$3^e \text{ CADRE}, \begin{cases} 100,000 \text{ h. à} \\ 25 \text{ c. caisse de} \\ \text{retraite} \ldots \end{cases}$$

$$82,000,000$$

dont 27,375,000 s'appliquent à la caisse de retraite.

Le ministère de la guerre coûte actuellement 365 millions par an. En supposant la dépense la même, voilà 115 millions de plus pour subvenir à cette charge. Mais comme cette organisation de l'armée entraînerait inévitablement une réduction des états majors, ce serait au moins 10 millions encore à déduire que nous passons pour les non-valeurs, frais de recette, etc. , des 115 millions à encaisser annuellement.

C'est quelque chose qu'une différence de 115 millions dans les charges publiques. C'est quelque chose aussi pour la prospérité nationale que cette armée de 100 mille travailleurs disciplinés dans la force de l'âge, exécutant une partie des grands travaux publics.

Moindre en nombre, l'armée serait plus forte par son homogénéité, ses habitudes de discipline et de travail.

Quelques esprits soupçonneux voudront voir dans ces soldats des prétoriens dangereux pour la liberté plutôt que des citoyens armés. En vérité ce serait ne tenir aucun compte du progrès des mœurs et de la raison publique.

Cesseront-ils jamais d'être et de se croire citoyens, ces hommes qui, mêlés aux travailleurs civils, mariés, pères de famille, contribueraient chaque jour à la grandeur du pays, et qui, sortis de nos rangs, y retourneraient bientôt. Auraient-ils cessé un instant de participer à la même vie civile que leurs frères.

Nous avons vu que, sur ce nouveau budget de la guerre, annuellement 27,375,000 fr.

compris dans la solde de l'armée sont mis de côté pour une caisse de retraite.

Cette caisse permettrait de donner aux vieux militaires une pension *suffisante* pour vivre honorablement, eux et leur famille, sans augmenter les charges du trésor ; en un mot, le contraire des pensions actuelles.

Un résultat dont il faut tenir compte, c'est que l'État, en faisant ainsi de l'armée une carrière aussi utile qu'honorable, en disposant de 100 mille travailleurs dont il règlerait la rétribution journalière, influerait singulièrement et d'une manière légitime sur la fixation des salaires. Dispensateur le plus souvent équitable, il ferait ainsi à l'industrie privée une concurrence favorable aux droits et aux intérêts des travailleurs ouvriers.

AGRICULTURE.

On se récrie depuis longtemps contre cette tendance qui pousse les travailleurs de la campagne à quitter la charrue pour venir au sein des villes courir les chances périlleuses de la vie industrielles.

On reconnaît que la vie agricole ayant une influence morale meilleure, une sécurité plus grande, il faut tout faire :

1° Pour retenir à la campagne ceux qui la cultivent encore ;

2° Pour y ramener, s'il est possible, ceux qui l'ont quittée.

Malheureusement on n'a guère été plus loin que cette constatation.

Développez et aidez la petite culture, vous obtiendrez le résultat que vous cherchez.

Je m'explique sur ce mot de petite culture qui, de suite, aura soulevé des réprobations.

1° *Création par l'État d'exploitations rurales.*

Il y a en France une immense superficie peu ou mal cultivée. Que l'État acquière ces terres, qu'il crée des fermes de 12 à 15 hectares, que ses bataillons enrégimentés bâtissent sur chaque ferme des maisons d'habitation et d'exploitation, et que l'État dise à une famille composée de quatre à cinq membres au moins qui n'aurait d'ailleurs que sa moralité, son amour du travail pour garanties du succès à venir.

Voici une ferme, une habitation, des instruments pour l'exploitation, des bestiaux, un capital d'avances suffisant (4 à 5,000 fr.). Exploitez cette terre, vous me rembourserez capital et intérêts en quinze ou seize ans. Au bout de ce temps, le tout vous appartiendra.

(1) C'est à peu près ainsi que le maréchal Bugeaud a essayé de faire en Algérie. Bien que ce système de

C'est ainsi que je comprends l'intervention bienfaisante de l'État à l'égard des travailleurs pauvres.

Et comme cette bienfaisance ne doit pas être la prodigalité, le gaspillage des deniers publics, créez dans chaque département deux ou trois inspecteurs ruraux ingénieurs chargés de surveiller ces exploitations, d'indiquer les bonnes méthodes de culture, autorisés au besoin à faire exécuter pour le compte des exploitations voisines, placées dans les mêmes conditions, les travaux qui, par leur importance, leur utilité commune et pour l'accroissement de la production, exigent l'association. En un mot c'est la petite culture réunissant les bienfaits de la grande au moyen de l'association. Qui pourrait refuser

colonisation ait rencontré beaucoup d'adversaires, il pouvait réussir. Les premières tentatives sont loin de faire sa condamnation, mais il aurait échoué en Afrique que la question ne serait pas jugée sur le sol français. Ici les éléments de succès sont bien autres; il suffit de savoir combien le Français aime peu s'expatrier et tient au pays.

à l'État ce droit d'intervention? ne s'agit-il pas de sa propriété, de ses intérêts?

Des inspecteurs ruraux, dira-t-on? encore une nouvelle série de fonctionnaires. N'en avons-nous pas trop déjà?

D'accord, mais ce sont les rouages inutiles qu'il faut supprimer; et si de nouveaux champs d'activité s'ouvrent à la société, pour les féconder un gouvernement doit faire ce qui est nécessaire. Est-ce une opposition criarde ou soupçonneuse qui l'arrêtera? Rien n'empêcherait, d'ailleurs, ces inspecteurs ruraux de prêter leur concours aux autres propriétaires, et de retirer par là un légitime profit de l'application de leurs talents, ce qui permettrait à l'État de leur donner une rétribution modeste.

Création et entretien des chemins vicinaux.

L'état défectueux ou incomplet de la viabilité vicinale est une des plus grandes souffrances de l'agriculture. L'établissement des chemins de fer doit permettre de reporter sur ces chemins les soins qui leur ont manqué. Il y faut l'œil et la direction d'ingénieurs, sans cela vous avez un labyrinthe, de chemins mal conçus, mal faits, au lieu d'un ensemble utilement coordonné.

Organisez donc, au-dessous de vos ingénieurs actuels des ponts-et-chaussées, un corps complet de sous-ingénieurs attachés à la direction des chemins vicinaux. Prenez-les parmi les candidats qui justifieront des connaissances théoriques absolument nécessaires et d'une certaine pratique acquise.

Vous ouvrez une carrière aux conducteurs intelligents des ponts-et-chaussées et à ceux qui, sans avoir passé par les écoles Polytechnique et des Ponts, en savent assez pour se bien acquitter de ce service secondaire.

Nos voies de transport par terre et par eau complétées, en bon état, nos produits territoriaux ne craindront pas la concurrence étrangère.

Alors, et seulement alors, sera juste, opportune la révision des tarifs d'importation pour les produits similaires étrangers, révision qui peut sensiblement réduire le cours des denrées premières, et par là créer pour les travailleurs une nouvelle source d'amélioration matérielle.

TRAVAUX PUBLICS.

Dans notre opinion, à l'État la propriété, la direction de tout ce qui est *nécessairement* monopole, surtout monopole d'utilité générale.

Ainsi il n'y a pas, à nos yeux, nécessité que l'État soit maître des compagnies d'assurances; mais cette nécessité existe pour les chemins de fer. A-t-on jamais songé à aliéner les rivières? et n'a-t-on pas reconnu, dans ces derniers temps, l'impérieuse nécessité pour l'intérêt général de reprendre les canaux aliénés à des compagnies ?

Nous approuvons donc l'idée de reprendre les chemins aux compagnies ; mais les moyens proposés à cet effet nous paraissent injustes et violents (1). Ce n'est pas là une mesure d'utilité publique, mais bien une spoliation. — Cela suffirait pour la faire rejeter.

Mais cette violence ne servirait même pas aux intérêts généraux. L'État maître demain des chemins de fer, avec quoi achèvera-t-il les lignes en train d'exécution ? Le trésor est vide, et de longtemps ne se remplira de manière à fournir les sommes nécessaires à ces grands travaux.

Un appel au crédit ? — Croire à son efficacité dans ce moment, c'est par trop se faire illusion.

Vous voilà donc embarrassés d'ouvrages que vous ne pouvez achever, qui ne peuvent que perdre dans leur état de demi-exécution.

____

(1) Au moment où nous écrivons ces ligne, les ministre des finances vient de présenter ses différents projets pour le rachat des chemins de fer par l'État.

De dix ans vous ne les finirez pas, et la prospérité générale souffrira d'autant. Votre seul résultat aura donc été des fortunes brisées, des mécontentements excités, des ruines et de la haine derrière vous.

Ce que nous comprenions, c'est l'État déclaré administrateur des chemins pour le compte des actionnaires, leur garantissant un minimum d'intérêt de 3 0/0 sur le pair des actions, et leur déclarant qu'en tout cas l'intérêt ne s'élèverait pas au-delà de 5 0/0.

Qui pourrait se plaindre ?

Les actionnaires sérieux, loin d'être dépouillés, trouvaient dans la direction de l'État une garantie de bonne gestion, et ils échangeaient l'espoir de gros dividendes contre l'assurance d'un intérêt minimum.

Les agioteurs et les spéculateurs seuls se récriaient. Qu'importait à l'État ? Il avait été équitable, en servant les intérêts publics, sans porter atteinte aux intérêts privés.

Les actionnaires, intéressés à continuer leurs versements sous peine de déchéance, s'empressaient de fournir à l'État les capitaux destinés à ces vastes créations.

La fortune publique, comme les fortunes privées, y trouvait son compte. La justice surtout était satisfaite.

IMPOTS.

Tout le monde est à peu près d'accord sur l'établissement de l'impôt sur le revenu (income-tax des Anglais).

Mais pour ne pas être vexatoire, je crois qu'on devra d'abord essayer de l'initiative des contribuables eux-mêmes. Lorsqu'un individu paraîtra à la commission communale suspect de dissimulation, par cela même qu'on aura laissé à un citoyen le droit de s'imposer lui-même, il ne pourra que s'en prendre à lui si sa mauvaise foi provoque les recherches de l'autorité dans ses affaires intérieures.

En Suisse, cet impôt fonctionne de cette manière, en ce sens que ce sont les citoyens eux-mêmes qui sont juges de la quotité qu'ils doivent payer. On vante en général la probité de leurs décisions. Si vous voulez devenir un peuple libre et républicain, vous devez ne pas oublier que la bonne foi est le premier trait distinctif du caractère républicain.

L'impôt sur le revenu nous semble exclure l'impôt sur le luxe, qui n'en est qu'une contrefaçon stérile. Dans le luxe vous n'atteignez pas toujours le revenu ; — mais vous atteignez à coup sûr le commerce et l'industrie.

Système pénitentiaire.

La marine emploie, dans ses arsenaux, les condamnés aux travaux forcés ; ce système présente deux inconvénients fort graves.

Il enlève une source féconde de travail aux ouvriers.

Il rapproche ceux-ci des condamnés, rapprochement immoral et dangereux.

Le système des bagnes, au point de vue des condamnés, n'est pas moins vicieux. Tout le monde sait que la plupart du temps ils en sortent pires qu'ils n'y entrent.

Vous repoussez le système cellulaire comme inhumain.

Cherchez donc une solution meilleure.

Immédiatement nous proposons :

Que le travail des arsenaux soit rendu aux ouvriers ;

Que leur séparation des condamnés soit complète ;

Que ceux-ci soient divisés eux-mêmes par catégorie suivant la durée de la peine.

Rien, dans tout ceci, ne nous paraît chimérique, et l'État aura rempli un grand acte de justice et de raison.

Quant aux condamnés, nous demandons qu'il soit fait un essai de leur application à des travaux que le plus grand nombre des travailleurs libres ne voudra pas aborder à cause de leurs dangers.

Il y aurait à choisir, parmi les condamnés aux moins fortes peines, ceux qui, par leur conduite, présentent quelque espoir d'amélioraiion, et à les embrigader de leur consentement pour aller en colonne mobile travailler au dessèchement des marais et à l'assainissement des parties malsaines de la France. Ce serait unetentative pour l'amélioration du condamné par sa séparation de ceux jugés plus coupables, et par l'effet salutaire qu'exerce sur l'espritle travail de la terre et le spectacle plein de calme et de grandeur qu'offre incessamment la nature.

Tentative utile à la société, puisqu'elle pourrait donner à la culture une notable quantité de terres qui y échappent, et ne font que nuire à la salubrité du pays.

Tentative utile au condamné, puisqu'elle pourrait faire naître, avec un adoucissement à sa peine, une chance de rendre à l'Etat un citoyen honnête et laborieux.

Nous demandons encore la simplification des rouages administratifs : moins d'employés, mieux rétribués, une partie des emplois réservée au concours.

L'abolition du cumul.

Dans de justes limites, l'exclusion de l'Assemblée des fonctionnaires publics ; chacun à l'emploi qui lui est confié. Pour prendre un exemple de haut, nous n'admettons pas un ambassadeur représentant.

QUESTION EXTÉRIEURÉ.

A l'extérieur, la politique du manifeste du citoyen Lamartine, chef-d'œuvre d'éloquence et de raison.

Il est triste que le gouvernement ne se soit pas tenu à cette hauteur.

L'Europe marche de plus en plus vers l'unité ; c'est une loi de l'humanité. Mais cette unité n'est pas prochaine ; elle ne doit pas être d'ailleurs l'absorption des différentes nationalités dans une seule, mais leur plus ingénieuse combinaison pour le progrès de l'humanité.

Quant à nous, notre devoir est de veiller précieusement sur la nôtre.

L'Allemagne, fédération d'abord, se centralise et offrira bientôt un corps compact et uni.

Nous sommes séparés d'elle et de la Ruspar une ceinture d'États secondaires, Italie, Suisse, Belgique, Hollande. Notre politique, suivant nous, doit tendre non pas à nous assimiler ces pays, mais à exercer de plus en plus sur eux l'influence d'un protectorat moral. Ce n'est pas de l'ambition, mais la tendance naturelle, légitime d'un État de premier ordre ; alliance défensive avec ces pays, marche vers une fusion des intérêts industriels et commerciaux.

La guerre a pu être un moyen de civilisation quand les hommes, séparés par des obstacles de toute sorte, ne pouvaient se rapprocher que par une puissance d'efforts nombreux et simultanés. Pour cette puissance, il fallait des armées, les nations n'avaient que les champs de bataille pour se voir et se toucher ; mais l'imprimerie, le commerce, les chemins de fer ont remplacé ces forces. C'est par le contact des idées, des intérêts, des sympathies que les hommes se rapprochent aujourd'hui ; progrès naturel de la perfectibilité humaine.

Ne nous arrêtons pas dans la marche, et pour cela il appartient à notre gouvernement de provoquer la formation d'un congrès européen où se débattront et se décideront par les seules armes de la raison les questions importantes qui peuvent surgir pour le maintien de la paix.

C'est là que, dans un congrès inauguré par liberté, l'œuvre du despotisme sera détruite et la Pologne reconstituée.

A l'œuvre donc, représentants ; si votre tâche est difficile, elle est glorieuse. Et jusqu'à ce jour vous êtes restés au-dessous de notre attente.

Où allons-nous ? personne ne le sait encore, et vous vous occupez d'une loi sur le divorce !

Assurément l'œuvre dont vous êtes chargés ne s'improvise pas, mais vous pouviez indiquer de suite à la France où vous comptiez la conduire.

Comment traduire une situation qui n'est ni le repos ni le mouvement, mais l'immobilité sans cause, ou l'agitation sans but.

Une partie de la population est ruinée, l'autre au moins est-elle enrichie

FIN.